SEKUNDARSTUFE I+II

La vie quotidienne

Lernjahre 1 – 3

Nathalie Bláha

Cornelsen

Autorin:
Dr. Nathalie Bláha studierte Neuere Deutsche Literatur, Linguistik, Romanistik und Empirische Kulturwissenschaft an der Eberhard-Karls-Universität Tübingen. Darüber hinaus absolvierte sie in Frankreich an der Universität von Aix-en-Provence eine Ausbildung zur Deutschlehrerin (Deutsch als Fremdsprache). Sie verfügt über langjährige Erfahrung als Autorin von Lehrwerken, Übersetzerin, Dolmetscherin und Lehrerin (Deutsch und Französisch).

Alle aufgeführten Systeme und Tools stellen nur Beispiele für die Unterrichtsgestaltung dar. Bitte stimmen Sie sich mit Ihrer Schulleitung dazu ab, welche Systeme oder Tools an Ihrer Schule im Rahmen der Unterrichtsgestaltung genutzt werden dürfen.

Projektleitung: Juliane Maaß, Berlin
Redaktion: Judith Krieg, Berlin
Umschlaggestaltung: Corinna Babylon, Berlin
Layout: Ludger Stallmeister, Wuppertal
Umschlagabbildungen: Croissant: stock.adobe.com/Visual Generation; Jeans: stock.adobe.com/danielabarreto; Haus: Shutterstock/anon_tae
Technische Umsetzung: Reemers Publishing Services GmbH, Krefeld

www.cornelsen.de

1. Auflage 2023

Druck: Athesiadruck GmbH

ISBN 978-3-589-16895-8

PEFC-zertifiziert
Dieses Produkt stammt aus nachhaltig bewirtschafteten Wäldern
www.pefc.de

Inhalt

Vorwort

Mit dem vorliegenden Themenheft « La vie quotidienne » kann eine kleine Reise in die französische Alltagswelt unternommen werden. Das Heft eignet sich für den Französischunterricht in den Lernjahren 1 bis 3.

Die 23 Kopiervorlagen sind in sechs Themenbereiche unterteilt:

- *Ma famille et moi*
- *La vie à la maison*
- *En ville ou à la campagne*
- *Faire les courses en France*
- *Manger en France*
- *L'école en France*

Die Materialien sind als Ergänzung des Unterrichts gedacht und ermöglichen Lernenden, ihren Wortschatz passend zu ausgewählten Alltagssituationen zu wiederholen und zu erweitern. In passenden kompetenzorientierten Aufgaben soll die Entwicklung ihrer Lese-, Schreib-, Sprech- und Mediationsfähigkeiten und -fertigkeiten gefördert werden.

Einen besonderen Anreiz bieten dabei diverse motivierende Challenges, Quiz und Rechercheaufgaben, mit denen die Lernenden ihre Sprachkenntnisse spielerisch verbessern können. Die thematische Auseinandersetzung mit Alltagssituationen zielt auf die Förderung der interkulturellen Kompetenz ab, wobei Praxisnähe im Mittelpunkt steht.

Das übergeordnete Ziel ist es, die Handlungsfähigkeit der Lernenden zu fördern: Im Urlaub oder bei einem Schüleraustausch in Frankreich sollen sie den gängigen Wortschatz aktiv beherrschen und situationsangemessen anwenden können, ob zu Hause bzw. in einer Familie, beim Einkaufen, auf dem Markt oder im Klassenzimmer.

Die Icons an den Materialien zeigen auf, welche Kompetenzen jeweils im Mittelpunkt stehen. Eine Übersicht finden Sie auf den folgenden Seiten.

Viel Freude und Erfolg bei der Arbeit mit den Materialien!

Nathalie Bláha

Übersicht und Hinweise

	Lesen	Schreiben	Sprechen/ Präsentieren	Sprach- mittlung	Wort- schatz	Kultur	Med en- kompetenz	Challenge	PA	GA
I. Ma famille et moi										
KV 1 : Je me présente		X	X						X	X
KV 2 : Ma famille		X	X						X	
II. La vie à la maison										
KV 3 : À la maison		X	X		X				X	
KV 4 : Les petites annonces	X	X		X						
KV 5 : Dans la maison		X	X		X		X	X	X	
KV 6 : Dans la chambre des ados		X	X		X		X	X	X	
III. En ville ou à la campagne										
KV 7 : Les paysages					X					
KV 8 : Qui habite où ?	X	X	X	X					X	X
KV 9 : Quiz					X	X		X		X
IV. Faire les courses en France										
KV 10 : Au marché				X						
KV 11 : Et si on faisait des salades…	X	X				X	X		X	
KV 12 : Les fruits et légumes					X					
KV 13 : Au supermarché		X			X		X			

	Lesen	Schreiben	Sprechen/ Präsentieren	Sprach- mittlung	Wort- schatz	Kultur	Medien- kompetenz	Challenge	PA	GA
IV. Faire les courses en France										
KV 14 : Viens, on va faire les boutiques !					×		×	×	×	×
KV 15 : Qui est-ce ?	×		×						×	
V. Manger en France										
KV 16 : Nos plats préférés	×	×	×	×		×	×			
KV 17 : Mots croisés : on passe à table !					×					
KV 18 : Quiz					×	×		×		×
VI. L'école en France										
KV 19 : Les fournitures scolaires					×					
KV 20 : Dans la salle de classe					×		×	×	×	×
KV 21 : À l'école		×	×		×		×	×	×	
KV 22 : Emploi du temps	×	×								
KV 23 : Quiz					×	×		×		×

Je me présente

1. Écris un texte. Présente-toi ainsi que ta famille. Voici quelques idées pour t'aider.
   Schreibe einen Text. Stelle dich und deine Familie vor. Seitlich findest du ein paar Ideen.

– Nom/prénom
– âge
– classe
– ville/village

– membres de ta famille
– animaux domestiques

– ami(e)s
– activités sportives
– loisirs

– musique préférée : groupe, chanteur/chanteuse

– livre préféré
– film préféré
– acteur/actrice

– plus beau voyage
– voyage de tes rêves

2. Présente ton texte à tes camarades de classe ou à ton/ta partenaire.
   Lies deinen Text der Klasse bzw. deinem/deiner Partner/in vor.

Ma famille

1. Fais un arbre généalogique et présente les membres de ta famille en quelques mots. Qui sont-ils ? Comment s'appellent-ils ? Quelle est la couleur de leurs yeux, de leurs cheveux… ?
Fülle deinen Stammbaum aus und stelle deine Familienmitglieder vor.

Mes grands-parents

Nom/prénom

Mes parents

Mes frère(s) et sœur(s)

2. Choisis une personne que tu viens de décrire. Ton/ta partenaire pose des questions et essaie de deviner la personne que tu as choisie.
Suche dir ein Familienmitglied aus. Dein/e Partner/in versucht durch Fragen zu erraten, um wen es sich handelt.

Autorin: Nathalie Bláha, «La vie quotidienne», Lernjahre 1–3

À la maison

Regarde les images. Choisis une maison. Décris-la en quelques phrases. Fais deviner à ton/ta partenaire la maison que tu as choisie. Remets les lettres dans le bon ordre et retrouve les noms. Écris-les avec **l'article indéfini.** *Sieh dir die Bilder an. Suche ein Haus aus und beschreibe es in ein paar Sätzen. Dein/e Partner/in versucht nun, das von dir ausgewählte Haus zu erraten. Hilfe bieten dir die Wörter unten: Die Buchstaben sind jedoch durcheinandergeraten. Schreibe die Nomen mit dem* ***unbestimmten Artikel*** *auf.*

1. êntefer ____________________
2. iott ____________________
3. toepr ____________________
4. aaeggr ____________________
5. scareeil ____________________
6. ndajir ____________________
7. iecéehmn ____________________
8. baerr ____________________
9. umr ____________________
10. saresrte ____________________

Shutterstock.com/Vectors Bang

Autorin: Nathalie Bláha, «La vie quotidienne», Lernjahre 1–3

Les petites annonces

1. La famille Durant veut déménager. Elle cherche un logement où toute la famille va se sentir bien : mais chacun a ses préférences. Lis les textes et coche dans le tableau les préférences de chaque membre de la famille. *Familie Durant zieht um. Sie sucht eine Wohnung, in der sich alle wohlfühlen: Aber jeder hat seine eigenen Vorlieben. Lies die Texte durch und kreuze in der Tabelle an, welche Aussagen zu welchem Familienmitglied passen.*

M. Durant : L'idée d'avoir une maison à la campagne me plaît beaucoup. Je cherche une maison à louer ou à acheter avec un jardin et une cave pour ranger les vélos et y mettre mes outils. Si en plus il y a un garage pour la voiture, c'est génial. Comme nous sommes cinq personnes, il nous faut une salle de bains avec toilettes et un autre WC. C'est plus pratique. Bien sûr un jardin avec un barbecue et un petit potager pour planter des légumes serait top !

Mme Durant : Je cherche une maison ou un appartement assez grand en ville ou à la campagne. Mais il nous faut une chambre pour chaque enfant pour arrêter les disputes. J'aimerais une cave avec une buanderie* pour y pendre le linge quand il pleut ou quand il fait froid. Je ne veux pas de sèche-linge, c'est mauvais pour l'environnement et c'est une dépense d'électricité inutile. J'ai à tout prix besoin d'une pièce pour y installer mon bureau. Si on trouve un logement à la campagne, il faut aussi penser à une bonne connexion Internet pour mon travail.

Pauline, 14 ans : Moi, je ne veux pas déménager loin de mes copines. C'est super important ! Mais bon, une maison pas loin avec un jardin, une terrasse et une chambre chacun, c'est mon rêve. Si mes parents achètent une maison, il faut une salle de bains avec une baignoire, une douche et aussi un deuxième WC. Vous comprenez, quand cinq personnes se préparent le matin, c'est le stress pur ! Il nous faut évidemment une connexion Internet super rapide parce que sinon rien ne va !

Julien, 11 ans : Moi, j'aime la ville et la campagne et je n'ai pas besoin d'une maison. Je trouve ça super de vivre en appartement. Bien sûr, un appart ou une maison avec un jardin, ça serait génial ! Mais le plus important pour moi, c'est d'avoir une chambre pour moi tout seul. Comme ça, quand mes copains viennent me voir, on peut être tranquille dans la chambre et on ne gêne personne. En plus, pour faire les devoirs, c'est mieux d'avoir un peu de place et de calme. J'espère que si le logement est à la campagne, on aura quand même une connexion Internet haut débit et le Wi-Fi.

Tom, 8 ans : J'espère que mes parents vont trouver une maison avec un jardin pour pouvoir jouer au foot avec Julien et mes copains quand ils viennent me rendre visite. J'aimerais avoir une chambre pour moi tout seul parce que Julien me dit toujours ce que je dois faire et où je dois mettre mes affaires. Et ça, ce n'est pas drôle du tout ! Et partager une chambre avec Pauline, c'est l'horreur ! Si on a un jardin et une maison, je voudrais avoir un chien. Comme ça, j'aurais toujours quelqu'un pour jouer avec moi !

* Waschküche

Ils veulent...	M. Durant	Mme Durant	Pauline	Julien	Tom
un appartement	☐	☐	☐	☐	☐
une maison	☐	☐	☐	☐	☐
vivre en ville	☐	☐	☐	☐	☐
vivre à la campagne	☐	☐	☐	☐	☐
un jardin	☐	☐	☐	☐	☐
une terrasse	☐	☐	☐	☐	☐
un bureau	☐	☐	☐	☐	☐
une connexion Internet haut débit	☐	☐	☐	☐	☐
une salle de bains avec baignoire et douche	☐	☐	☐	☐	☐
deux WC	☐	☐	☐	☐	☐
une cave	☐	☐	☐	☐	☐
jouer au foot	☐	☐	☐	☐	☐
une chambre individuelle	☐	☐	☐	☐	☐
une buanderie	☐	☐	☐	☐	☐

2. Réponds aux questions suivantes dans ton cahier. Fais des phrases complètes.
Lies und beantworte die folgenden Fragen in deinem Heft. Bilde ganze Sätze.

a) Qui veut une buanderie et pourquoi ?

____

b) Qui veut une cave et pourquoi ?

____

c) Pourquoi est-ce que Pauline ne veut pas déménager loin ?

____

d) Pourquoi est-ce que Tom veut un jardin ?

____

e) Est-ce que la famille Durant a un chien ?

____

f) Qui a envie d'avoir une baignoire ?

____

g) Pourquoi est-ce que Julien ne veut pas partager sa chambre avec son frère ?

____

Autorin: Nathalie Bláha, «La vie quotidienne», Lernjahre 1–3

3. Tu veux expliquer ce qui est important pour la famille Durant dans le choix de leur nouveau logement à une personne qui ne parle pas français et qui doit déménager. Résume en allemand ce que les membres de la famille Durant disent. Fais des phrases complètes. *Du willst einer Person, die selbst umziehen soll, erklären, was der Familie Durant bei der Auswahl der neuen Wohnung wichtig ist. Leider spricht die Person kein Französisch. Fasse auf Deutsch zusammen, was die Familienmitglieder sagen. Bilde ganze Sätze.*

Herr Durant	
Frau Durant	
Pauline	
Julien	
Tom	

Autorin: Nathalie Bláha, «La vie quotidienne», Lernjahre 1–3

Dans la maison

1. Retrouve les 24 mots cachés dans la grille. Ils ont tous un rapport avec la maison.
   Finde die 24 versteckten Wörter. Sie haben alle etwas mit dem Thema „Haus" zu tun.

T	M	C	U	I	S	I	N	E	B	U	V	I	L	L	A	F	F
E	U	H	N	M	V	H	L	J	I	N	R	Y	T	L	K	I	I
L	C	A	V	M	A	E	A	P	P	A	R	T	E	M	E	N	T
E	T	M	O	E	S	M	G	I	B	L	U	S	G	K	N	C	M
V	R	B	Z	U	K	A	A	T	C	O	R	B	H	O	T	E	L
I	M	R	E	B	A	I	G	N	O	I	R	E	E	O	R	T	O
S	A	E	Q	L	J	S	Q	I	U	T	A	V	F	A	E	U	P
I	Y	X	F	E	R	O	U	C	S	U	U	I	E	R	E	I	C
O	B	Q	E	S	I	N	N	R	S	H	T	E	M	I	X	P	O
N	T	M	T	A	Z	O	Z	S	I	J	H	R	A	S	R	M	U
R	A	R	A	D	I	R	R	A	N	B	P	M	T	M	S	L	L
F	R	I	G	O	E	R	E	U	R	V	A	L	A	V	A	B	O
D	M	F	E	U	C	T	A	P	I	S	Q	U	B	F	L	D	I
F	O	U	R	S	I	N	L	O	G	R	S	R	L	U	O	P	R
U	I	R	E	Z	T	N	E	D	O	U	C	H	E	A	N	E	Z
I	R	U	G	N	M	U	H	K	U	P	J	M	R	G	E	T	U
R	E	Y	D	W	S	C	H	A	I	S	E	L	R	L	I	T	Q

Autorin: Nathalie Bláha, «La vie quotidienne», Lernjahre 1–3

2. Inscris les noms que tu as trouvés dans la grille avec **l'article défini** dans la bonne rubrique. Attention, n'oublie pas les accents ! *Trage die Nomen mit dem* ***bestimmten Artikel*** *in die richtige Spalte ein. Vergiss die Akzente nicht !*

les bâtiments	les pièces	les meubles

dans l'appartement	dans la cuisine	dans la salle de bains

3. Est-ce que tu connais d'autres mots qui ont un rapport avec la maison ? Fais un challenge avec ton/ta partenaire. Qui trouve le plus de mots ? Il vous manque encore des mots ? Cherchez-les sur Internet ou dans un dictionnaire. *Kennst du andere Wörter, die mit dem Thema „Haus" zusammenhängen?* ***Challenge:*** *Fordere deinen/deine Partner/in heraus: Wer findet die meisten Wörter? Fehlen euch noch Vokabeln? Sucht sie im Internet oder schlagt sie im Wörterbuch nach.*

4. Choisis une pièce dans un appartement ou une maison, par exemple la cuisine, la salle de bains, le salon... Décris cette pièce, utilise les expressions « à droite, à gauche, devant, derrière, à côté de... ». Lis ton texte à ton/ta partenaire qui essaie de faire un dessin à partir de ta description. *Suche dir einen Raum im Haus aus, z. B. die Küche, das Bad, das Wohnzimmer usw. Beschreibe diesen Raum und verwende dabei die Ausdrücke « à droite, à gauche, devant, derrière, à côté de ... ». Lies dann deinen Text deinem/deiner Partner/in vor. Dieser/Diese versucht, den Raum anhand deiner Beschreibung so genau wie möglich zu zeichnen.*

Dans la chambre des ados

1. Regardez bien l'image de la chambre. **Challenge** : faites une liste des choses que vous voyez sur l'image. Qui a trouvé le plus de mots français ? Il vous manque encore des mots ? Cherchez-les sur Internet ou dans un dictionnaire. *Schaut euch das Bild genau an. Schreibt so viele Gegenstände wie möglich auf, die sich in diesem Zimmer befinden. Wer findet die meisten Wörter? Fehlen euch noch Vokabeln? Sucht sie im Internet oder schlagt sie im Wörterbuch nach.*

Shutterstock.com/keko-ka

Autorin: Nathalie Bläha, «La vie quotidienne», Lernjahre 1–3

Qu'est-ce que c'est ?

2. Voici des mots français qui peuvent te servir car ils appartiennent au champ lexical de la vie numérique. Décris les mots en français et fais-les deviner à ton/ta partenaire. Écris chaque mot sous l'image qui correspond. *Hier findest du einige typische Vokabeln des digitalen Zeitalters. Versuche die folgenden Begriffe so zu umschreiben, dass dein/deine Partner/in erkennt, um was es sich handelt. Schreibe jedes Wort unter das passende Bild.*

le Wi-Fi – des écouteurs sans fils – les réseaux sociaux
un téléphone tactile – une enceinte bluetooth

Shutterstock.com/Vikks __________	
Shutterstock.com/ALX1618 __________	
Shutterstock.com/Velex Raptor __________	
Shutterstock.com/ Elena Pimukova __________	
SHARE LIKE CHAT ?!! SOCIAL lol MEDIA TWEET follow Shutterstock.com/Antlii __________	

3. Décris la chambre de tes rêves dans ton cahier. Qu'est-ce qu'il y a dans cette pièce et comment est-elle arrangée ? Discute avec ton/ta partenaire. *Beschreibe das Zimmer deiner Träume. Schreibe einen kleinen Text in dein Heft. Was befindet sich in diesem Raum und wie ist er eingerichtet? Tausche dich mit deinem/deiner Partner/in aus.*

Autorin: Nathalie Bláha, «La vie quotidienne», Lernjahre 1–3

Les paysages

Regarde les images suivantes. Qu'est-ce que tu vois ? Écris les noms avec **l'article défini** sous chaque image. Pour t'aider, remets les lettres dans le bon ordre et retrouve les mots ci-dessous.
*Sieh dir die Bilder an und schreibe das passende Nomen mit dem **bestimmten Artikel** unter jedes Bild. Hilfe bieten dir die Wörter unten: Die Buchstaben sind jedoch durcheinandergeraten.*

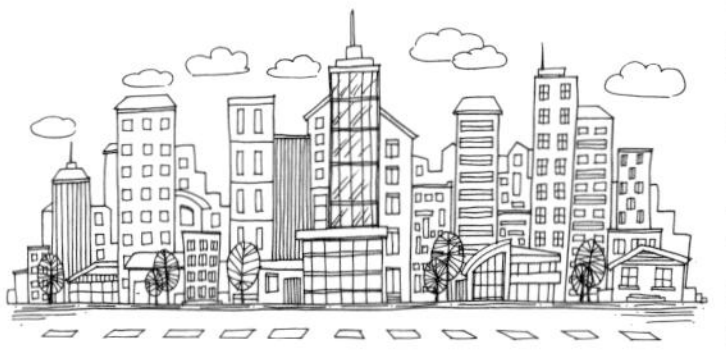

Shutterstock.com/Pand P Studio 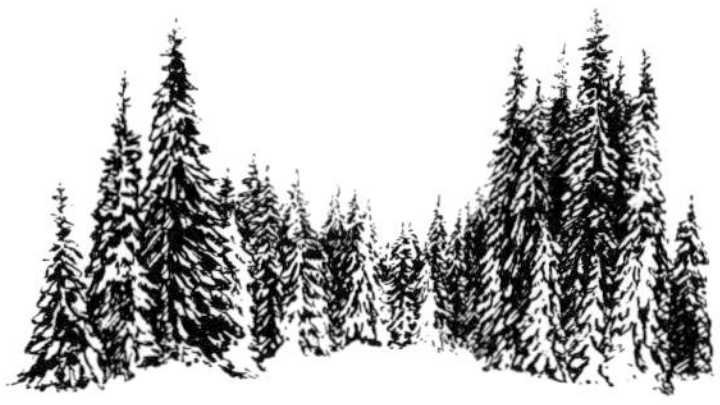 · Shutterstock.com/grop 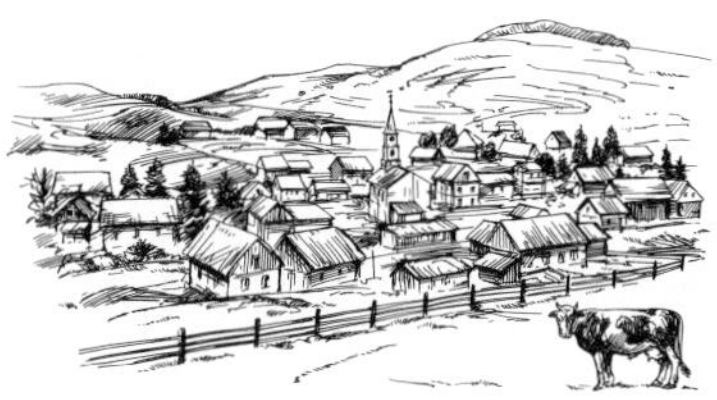 · Shutterstock.com/yuRomanovich

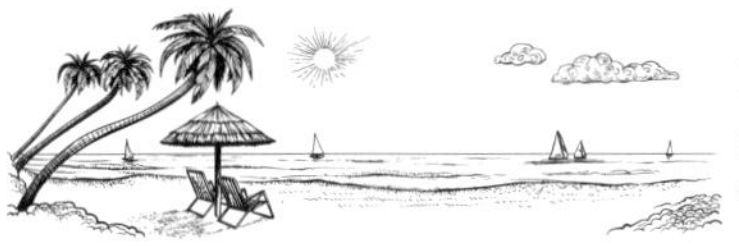

Shutterstock.com/Melok 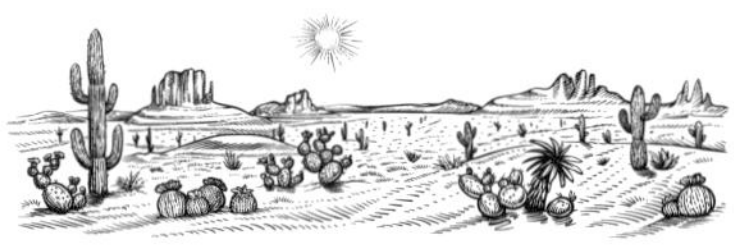 · Shutterstock.com/Melok 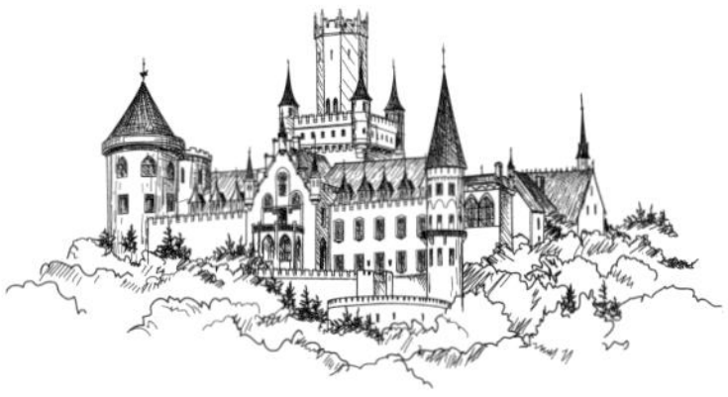 · Shutterstock.com/Yoko Design

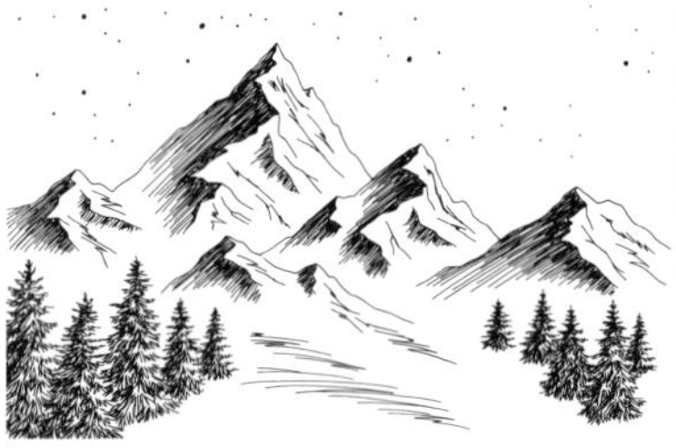

Shutterstock.com/Aluna1 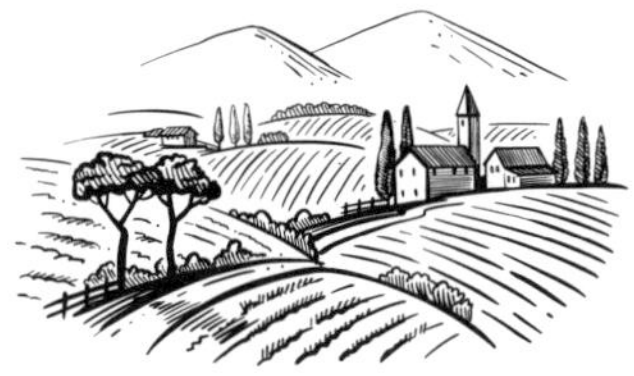 · Shutterstock.com/bioraven 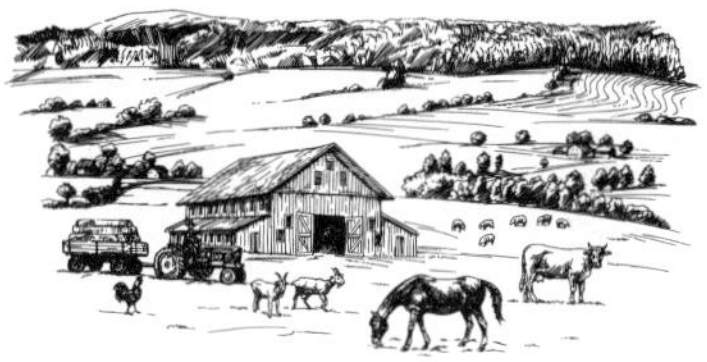 · Shutterstock.com/Vectorgoods studio

rêfto heaâcut nmageotn

eilvl rmfee lapeg

seérdt laiglve emaancgp

Qui habite où ?

1. Lis les textes suivants et retrouve l'image qui correspond. Qui habite où ? Écris le nom des personnes sous les photos correspondantes. *Lies die Texte und schaue die Bilder an. Wer wohnt wo? Schreibe die Namen unter das passende Bild.*

1) La vie en ville, moi je déteste ça ! Je n'aime pas le bruit. Je suis contente de vivre à la campagne. Il n'y a pas trop de voitures et je peux chiller dans mon jardin. Jessica	a)  Shutterstock.com/DariaGa Qui habite ici ? ___________________
2) Bonjour, je m'appelle Ali. J'habite au centre-ville, dans un quartier avec plusieurs immeubles et c'est très bien comme ça. Mon copain Jérôme vit dans mon immeuble. C'est vraiment génial. Je peux sonner chez lui et on peut aller jouer ou se balader ensemble sans se prendre la tête.	b)  Shutterstock.com/Nightman1965 Qui habite ici ? ___________________
3) Moi c'est Francis, j'aime ma ville. J'adore bouger et je ne pourrais pas vivre dans un village ou une petite ville où il ne se passe rien. Quand tu es francilien tu as tellement de possibilités pour t'occuper, c'est tout simplement génial !	c)  Shutterstock.com/1000 Words Qui habite ici ? ___________________
4) Je m'appelle Géraldine. J'adore la montagne et c'est pour ça que je suis heureuse de vivre en Haute-Savoie. Nous habitons loin de beaucoup de choses mais notre chalet en bois, la forêt et le calme en valent la peine. C'est tellement beau et reposant de vivre là.	d)  Shutterstock.com/ Slavun Qui habite ici ? ___________________

Autorin: Nathalie Bláha, «La vie quotidienne», Lernjahre 1–3

2. Vrai (V) ou faux (F) ? Coche la bonne réponse et corrige, si nécessaire. Fais des phrases complètes. *Richtig oder falsch? Kreuze an und korrigiere mit einem ganzen Satz, wenn nötig.*

	V	F
a) Jessica n'aime pas la vie en ville parce qu'il y a trop de monde.		
b) Francis habite dans la région parisienne.		
c) Géraldine habite dans un immeuble.		
d) Ali veut aller vivre à la campagne.		

3. Réponds aux questions suivantes dans ton cahier. Fais des phrases complètes. *Lies und beantworte folgende Fragen in deinem Heft. Bilde ganze Sätze.*

a) Pourquoi est-ce que Jessica est heureuse de vivre à la campagne ?

b) Qui ne pourrait pas vivre à la campagne et pourquoi ?

c) Pourquoi est-ce que Francis aime sa ville ?

d) Pourquoi est-ce que Jessica aime son jardin ?

e) Est-ce que Ali pourrait vivre dans la maison de Géraldine et pourquoi ?

f) Qui aime vivre à côté de la forêt et pour quelle(s) raison(s) ?

Autorin: Nathalie Bláha, «La vie quotidienne», Lernjahre 1–3

4. Tu veux expliquer ce que tu sais des logements des quatre personnes à quelqu'un qui ne parle pas français. Résume en allemand ce qu'elles disent. Fais des phrases complètes.
Du willst jemandem, der kein Französisch spricht, erklären, was du über die Wohnverhältnisse der vier Personen erfahren hast. Fasse auf Deutsch zusammen, was sie sagen. Bilde ganze Sätze.

Jessica	
Ali	
Francis	
Géraldine	

5. Quel logement est-ce que tu préfères ? Explique où tu aimerais vivre et pourquoi. Lis ton texte à ton/ta partenaire, dans ton groupe ou devant la classe. *Wie würdest du am liebsten wohnen? Erkläre, wo du gerne wohnen würdest und warum. Lies deinen Text deinem/deiner Partner/in, deiner Gruppe bzw. deiner Klasse vor.*

Quiz

Jouez en groupe de trois ou quatre. Cochez les bonnes réponses. Qui est le plus rapide et a le plus de réponses justes ? Comptez un point par bonne réponse. *Spielt zu dritt oder zu viert gegeneinander. Jeder kreuzt die richtigen Antworten an. Wer schafft es am schnellsten, alle Fragen zu beantworten? Pro richtige Antwort gibt es einen Punkt.*

1. Les grandes maisons en pierre du moyen-âge, ce sont
☐ des gâteaux. ☐ des cadeaux. ☐ des châteaux.

2. Notre-Dame de Paris, c'est
☐ une capitale. ☐ une cathédrale. ☐ une camarade.

3. À la montagne, on peut faire
☐ du ski nautique. ☐ du ski alpin. ☐ du ski énergique.

4. Dans les grandes villes, il y a beaucoup
☐ de potion. ☐ de potiron. ☐ de pollution.

5. À la campagne, on trouve
☐ des fermes. ☐ des ouvertures. ☐ des formes.

6. Dans le désert, il y a
☐ une table. ☐ des œufs. ☐ du sable.

7. Une colline, c'est
☐ une petite mer. ☐ un petit lac. ☐ une petite montagne.

8. Dans une forêt, il y a
☐ des arbres. ☐ des armes. ☐ des armoires.

9. Dans un village, il n'y a pas beaucoup
☐ de promenades. ☐ d'habitants. ☐ d'habitudes.

10. Dans les rues en ville, il y a
☐ des lampions. ☐ des lampadaires. ☐ des bougies.

11. La personne qui dirige une ville ou un village, c'est
☐ le maître / la maîtresse. ☐ le marie / la mairie. ☐ le maire / la mairesse.

Points : ________

Autorin: Nathalie Bláha, «La vie quotidienne», Lernjahre 1–3

Au marché

Tu es au marché en France avec tes parents qui ne parlent pas français. Aide-les à faire les courses. *Du bist mit deinen Eltern auf einem Markt in Frankreich. Deine Eltern sprechen kein Französisch. Hilf ihnen beim Einkauf.*

Tes parents : Kannst du ihn bitte fragen, wie viel ein Kilo Tomaten kostet?

Toi (en français) : Excusez-moi, ______________________________

Le marchand : Lesquelles voulez-vous ? J'ai trois sortes de tomates.

Toi (en allemand) : ______________________________

____

Tes parents : Frag ihn, welche er uns empfiehlt. Wir wollen einen Salat mit Tomaten, Paprika und Thunfisch zubereiten.

Toi (en français) : ______________________________

____

Le marchand : Ah, d'accord. Vous voulez faire une salade niçoise ?

Toi (en allemand) : ______________________________

Tes parents : Was braucht man denn für diesen Salat?

Toi (en français) : ______________________________

____

Le marchand : Pour faire une salade niçoise, il vous faut des tomates, des poivrons, des oignons, une laitue, deux artichauts, des olives noires, des œufs durs, du thon et des anchois.

Toi (en allemand) : ______________________________

____

Tes parents : Das hört sich wirklich gut an. Sag ihm, er soll uns alle Gemüsesorten geben, die wir brauchen, und außerdem sechs Eier.

Toi (en français) : ______________________________

____

Le marchand : Très bien. Voilà tout ce qu'il vous faut pour la salade. Il ne vous manque que le thon à l'huile et les anchois. Je vous souhaite une bonne journée et un très bon appétit !

Autorin: Nathalie Bláha, «La vie quotidienne», Lernjahre 1–3

Et si on faisait des salades…

1 a) Travaillez à deux. Chacun lit un texte à haute voix, puis vous changez. Si vous ne connaissez pas les ingrédients, recherchez sur Internet. *Arbeitet zu zweit. Jeder liest ein Rezept vor. Wenn ihr nicht alle Zutaten kennt, schaut im Internet nach.*

La salade niçoise pour quatre personnes :

Il faut laver la laitue, la couper et la mélanger avec deux oignons coupés. Il faut cuire les deux artichauts et les quatre œufs. Puis vous devez couper les quatre tomates mûres et le poivron vert. Dans un saladier, vous devez mettre les feuilles de laitue, les oignons et les autres légumes ainsi que du thon (150 grammes). À la fin, il faut mettre les œufs coupés en quatre, les olives noires et les quatre anchois sur la salade. Servir avec une vinaigrette.

La salade lyonnaise pour quatre personnes :

Tu as besoin de deux salades vertes différentes. Tu fais une vinaigrette avec un peu d'ail et tu coupes les salades vertes. Tu fais revenir les 150 grammes de lardons dans une poêle. Ensuite, tu fais dorer des croutons dans une poêle. Tu mets les lardons et les croutons dans la salade et tu mélanges. Quand tu as fini, tu fais cuire de l'eau et tu y casses les quatre œufs. Cuis les œufs pendant une minute, sors-les de l'eau et mets-les sur ta salade.

La salade périgourdine pour six personnes :

Lavez la salade verte et coupez-la. Faites cuire les six pommes de terre et les 150 grammes de haricots verts. Coupez les pommes de terre en quatre et les haricots en deux. Coupez les trois tranches de lard et faites-les dorer dans une poêle. Coupez les douze gésiers de canard en fines tranches et faites-les chauffer dans une poêle. Mettez la salade dans les assiettes, puis les autres légumes et à la fin le lard et les gésiers. Assaisonnez avec un peu de vinaigrette. Servir chaud.

La salade auvergnate pour quatre personnes :

Faire cuire les 200 grammes de pommes de terre. Couper une échalotte et la mettre dans le saladier avec la vinaigrette. Laver et couper la salade dans le saladier. Couper les 200 grammes de cantal et les 180 grammes de jambon en dés. Mélanger la salade, les pommes de terre, le jambon et le fromage dans le saladier. Ajouter douze noix et versez la vinaigrette sur la salade.

La salade alsacienne pour quatre personnes :

Faites cuire 300 grammes de pommes de terre, laissez-les refroidir puis coupez-les en rondelles. Lavez et coupez les 150 grammes de tomates en dés. Coupez les 150 grammes de cervelas également en dés. Faites une vinaigrette dans un saladier, coupez l'oignon et ajoutez les légumes, la saucisse et la ciboulette finement coupée. Servez la salade avec les pommes de terre encore tièdes.

Autorin: Nathalie Bláha, «La vie quotidienne», Lernjahre 1–3

1 b) Vrai (V) ou faux (F) ? Cochez la bonne réponse. *Richtig oder falsch? Kreuzt die korrekte Antwort an.*

	V	F
1. La salade auvergnate est une salade végétarienne.		
2. Dans la salade niçoise, il y a des épinards.		
3. Dans la salade lyonnaise, il y a de la viande.		
4. La salade périgourdine se mange chaude.		
5. L'échalotte est un fromage.		
6. La salade niçoise est une salade végane.		
7. Dans la salade alsacienne, il y a du fromage.		
8. Dans la salade niçoise, il y a du poisson.		
9. Il y a une salade végane dans la liste.		
10. Dans la salade lyonnaise, il y a du pain.		

1 c) Maya et Yannis veulent faire une salade. Ils ont déjà quelques ingrédients. Trouve la ou les salade(s) qu'ils peuvent faire et complète leur liste de courses. *Maya und Yannis wollen einen Salat zubereiten. Sie haben bereits einige Zutaten. Finde heraus, welche(n) Salat(e) sie machen können und ergänze ihre Einkaufsliste.*

Maya : Dans le frigo, nous avons six œufs et un kilo de tomates. Nous avons tout ce qu'il faut pour faire une bonne vinaigrette.

Yannis : À la cave, il y a deux kilos de pommes de terre, des oignons et dans le placard, il y a un grand sachet de croutons.

Maya : Je n'aime pas le fromage, ça serait bien de choisir une recette sans fromage.

Yannis : Moi, je déteste le poisson et les entrailles, alors s'il te plaît, on ne prend pas de recettes avec ces trucs-là !

Maya et Yannis peuvent faire ______________________________

Ils doivent encore acheter ______________________________

____

____

____

____

____

Autorin: Nathalie Bláha, «La vie quotidienne», Lernjahre 1–3

2. Lis les recettes et rédige la liste des courses pour chaque recette. *Lies die Rezepte durch und schreibe eine Einkaufsliste für jeden Salat.*

Salade niçoise

Salade lyonnaise

Salade auvergnate

Salade périgourdine

Salade alsacienne

Shutterstock.com/DariaCDesign

Autorin: Nathalie Bláha, «La vie quotidienne», Lernjahre 1–3

Les fruits et légumes

Regarde les images suivantes. Qu'est-ce que tu vois ? Écris les noms avec **l'article défini** sous chaque image. Pour t'aider, remets les lettres dans le bon ordre et retrouve les mots ci-dessous.
*Schaue dir die Bilder an und schreibe das passende Nomen mit dem **bestimmten Artikel** unter jedes Bild. Hilfe bieten dir die Wörter unten: Die Buchstaben sind jedoch durcheinandergeraten.*

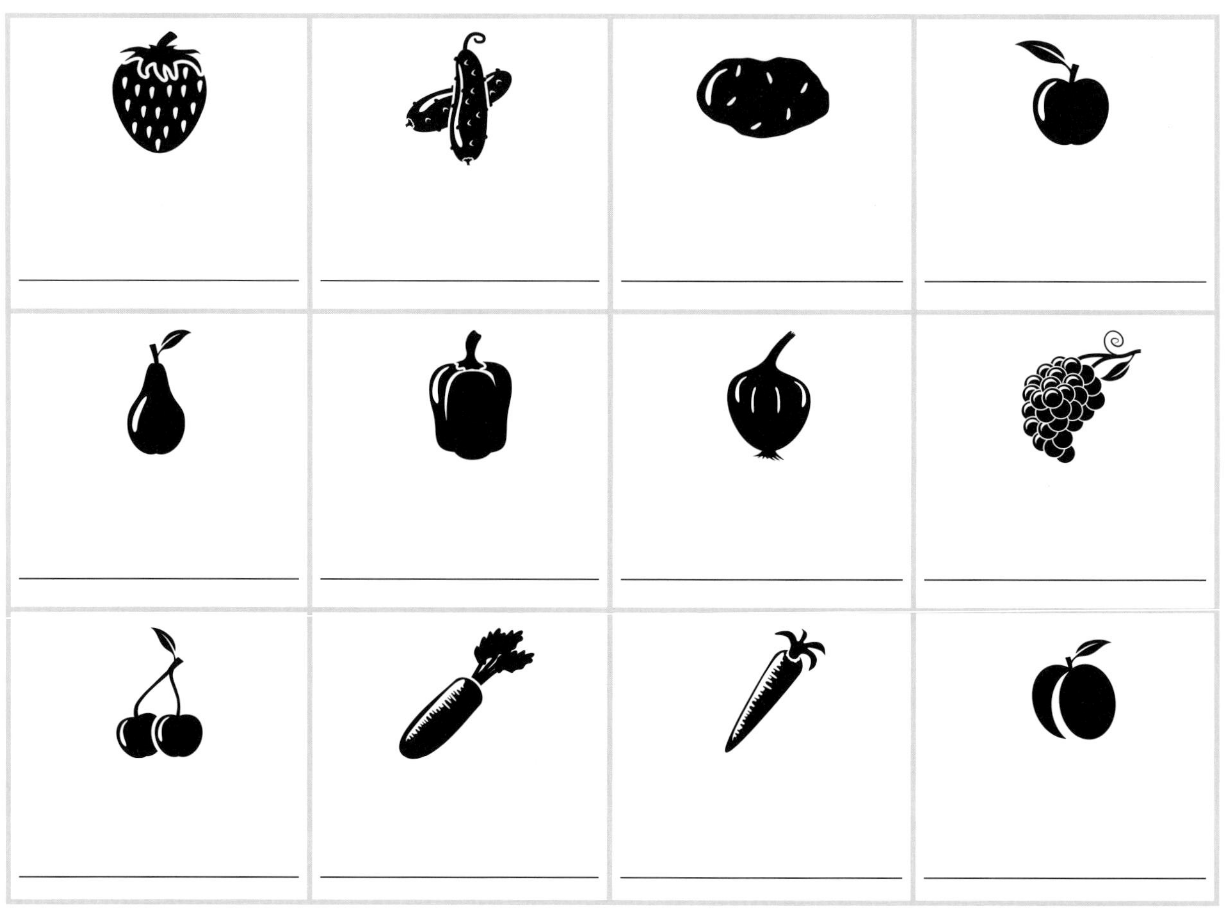

Shutterstock.com/Strejman (gilt für alle Bilder)

eiopr

aeifrs

crateot

sirda

resice

mopem ed rrete

niporvo

êhepc

borccomne

rsiina

empom

ingono

Autorin: Nathalie Bláha, «La vie quotidienne», Lernjahre 1–3

Au supermarché

1. Écris les noms suivants dans la bonne catégorie avec **l'article défini.** Il te manque encore des mots ? Cherche-les sur Internet ou dans un dictionnaire. *Trage die folgenden Nomen mit dem* ***bestimmten Artikel*** *in die passende Kategorie ein. Fehlen dir noch Vokabeln? Suche sie im Internet oder schlage sie im Wörterbuch nach.*

aubergine – avocat – beurre – café – chou-fleur
courgette – eau – farine – fromage – jus de tomate
lait – pâtes – riz – sucre – thé – yaourt

produits laitiers	légumes	boissons	autres aliments de première nécessité
____________	____________	____________	____________
____________	____________	____________	____________
____________	____________	____________	____________
____________	____________	____________	____________

2. Complète les phrases. Utilise l'article partitif qui convient. *Ergänze die Sätze. Verwende die Teilungsartikel.*

de | du | de la | d' | de l' | des

La mère de Laïla doit aller faire les courses, elle regarde dans le placard. Elle n'a plus ____________ farine et plus ____________ sucre. La bouteille ____________ huile est presque vide. Il lui faut absolument ____________ farine et ____________ sucre parce qu'elle veut faire des crêpes pour la Chandeleur. Elle va aussi racheter ____________ huile, ____________ lait, ____________ pâtes et ____________ riz. Au supermarché, elle met deux kilos ____________ farine et un kilo ____________ sucre dans son caddie. Elle achète aussi ____________ légumes et ____________ fruits. Elle prend six bouteilles ____________ eau minérale, ____________ thé et ____________ café.

Autorin: Nathalie Bláha, «La vie quotidienne», Lernjahre 1–3

Viens, on va faire les boutiques !

1. Regardez bien l'image du magasin. **Challenge** : faites une liste des choses que vous voyez sur l'image. Qui a trouvé le plus de mots français ? Il vous manque encore des mots ? Cherchez-les sur Internet ou dans un dictionnaire. *Schaut euch das Bild genau an. Schreibt so viele Gegenstände wie möglich auf, die sich in diesem Geschäft befinden. Wer hat die meisten Wörter? Fehlen euch noch Vokabeln? Sucht sie im Internet oder schlagt sie im Wörterbuch nach.*

stock.adobe.com/skypicsstudio

Autorin: Nathalie Bláha, «La vie quotidienne», Lernjahre 1–3

Qui est-ce ?

1. Lis le texte suivant et retrouve le prénom de chaque personne. Qui est qui ? Écris le nom des personnes sous chaque dessin. *Lies den folgenden Text und finde heraus, wie die Personen heißen. Wer ist wer? Ordne die Namen der jeweiligen Person zu.*

stock.adobe.com/GoodStudio

a) ______ b) ______ c) ______ d) ______ e) ______ f) ______

Marc a mis un sweat-shirt avec une capuche et un jean. Il a les cheveux courts et il sourit. C'est le seul garçon qui est entre les deux filles. Justine est blonde, elle porte une jupe avec trois boutons, un t-shirt blanc et une veste. Elle est entre Marc et Florentin. Ethan porte un pantalon clair et un pull avec une inscription dessus. Il a les cheveux presque blancs et a aussi une veste. Laïla est une fille aux cheveux longs bruns. Elle a un t-shirt clair et une jupe. Elle porte des lunettes. Florentin porte un pantalon et une chemise à rayures. Il est brun, c'est le seul qui ne regarde pas la caméra. Youssef est grand, il a les cheveux bruns et un bonnet. Il porte un pullover et un jean. Il est derrière Laïla.

2. Vous jouez à deux. Chacun choisit un personnage de l'image. Celui qui commence pose la première question pour essayer de découvrir le personnage que le/la partenaire a choisi. Vous ne répondez aux questions que par **OUI** ou **NON**. Puis c'est le tour de ton/ta partenaire de poser sa question. Continuez ainsi et découvrez le personnage que votre partenaire a choisi. *Sucht euch jeweils eine Person aus dem Bild aus. Ein/e Spieler/in beginnt und stellt eine Frage, um zu erraten, welche Person der/die Partner/in gewählt hat. Man darf nur mit* ***OUI*** *oder* ***NON*** *auf die Fragen antworten. Jeder stellt abwechselnd eine Frage, bis ihr die Namen herausbekommen habt.*

Nos plats préférés

1. Regarde les images et lis les textes. Qui mange quoi ? Écris le nom des plats sous les bonnes photos et trouve les personnes qui aiment manger ces spécialités.
   Schaue dir die Bilder an und lies die Texte durch. Wer isst was? Schreibe die Gerichte unter die passenden Bilder und finde heraus, von wem die jeweiligen Spezialitäten gerne gegessen werden.

Bonjour, je m'appelle Justin. Je suis végétarien et j'ai une allergie au lactose. Je mange donc des plats avec beaucoup de légumes.

Bonjour, je m'appelle Rafika et avec mon frère Malik, on adore les légumes et la viande de mouton.

Bonjour, je m'appelle Zoé. Je suis très gourmande. J'adore les sucreries et les gâteaux. Mes préférés sont les gâteaux à la crème.

Bonjour, je m'appelle Arthur. Je déteste le fromage et je n'aime pas trop les choses sucrées. Mais j'adore les saucisses et la viande.

Bonjour, tu aimes les cerises ? Alors, tu es comme moi ☺ ! Je m'appelle Inaya et mon dessert préféré est avec beaucoup de cerises.

Bonjour, je m'appelle Moustafa. J'aime beaucoup manger du pain et du fromage. Alors le plat avec le fromage chaud, c'est mon repas préféré !

Autorin: Nathalie Bláha, «La vie quotidienne», Lernjahre 1–3

Le couscous est une spécialité d'Afrique du Nord. On le prépare avec de la graine de couscous, des légumes comme les courgettes et les pois chiches* et de la viande de mouton ou du poulet.

La ratatouille est une spécialité de Provence. Dans la ratatouille, il y a beaucoup de légumes mais pas de viande. On met des courgettes, des poivrons, des tomates, des oignons et des aubergines.

Le clafoutis est une spécialité du centre de la France. Ce dessert vient du Limousin. On le fait avec de la farine, du sucre, du lait, des œufs et des cerises.

Shutterstock.com/Jerome.Romme

Nom du plat : ________________

Qui aime ce plat ? ________________

Shutterstock.com/Da Silva Emmanuelle

Nom du plat : ________________

Qui aime ce plat ? ________________

Shutterstock.com/Bembo20

Nom du plat : ________________

Qui aime ce plat ? ________________

Shutterstock.com/stockcreations

Nom du plat : ________________

Qui aime ce plat ? ________________

Shutterstock.com/Ahanov Michael

Nom du plat : ________________

Qui aime ce plat ? ________________

Shutterstock.com/Moha El-Jaw

Nom du plat : ________________

Qui aime ce plat ? ________________

La Tropézienne est un gâteau du sud de la France. Il tient son nom de la ville de Saint-Tropez. C'est une pâte briochée avec de la crème à l'intérieur.

Le cassoulet est une spécialité du Languedoc au sud-ouest de la France. C'est un plat avec de la viande, des haricots blancs, des carottes et des saucisses.

La Savoie et la Haute-Savoie sont des départements situés à la frontière suisse. Une des spécialités de cette région est le fromage. On fait la fondue savoyarde avec plusieurs fromages différents qu'on chauffe et on la mange avec du pain.

* Kichererbsen

Autorin: Nathalie Bláha, «La vie quotidienne», Lernjahre 1–3

2. Tu veux expliquer ce que les personnes mangent à quelqu'un de ta classe qui ne parle pas français. Résume en allemand ce que tu as appris sur les personnes et leur repas préféré. Fais des phrases complètes. *Du willst jemandem aus deiner Klasse, der/die kein Französisch spricht, erklären, was du erfahren hast. Fasse auf Deutsch zusammen, was die verschiedenen Personen sagen. Bilde ganze Sätze.*

Rafika	
Justin	
Arthur	
Zoé	
Moustafa	
Inaya	

3. Dans les textes, tu as appris d'où viennent les différents plats. Regarde la carte de France et relie chaque spécialité culinaire à sa région. Seul un plat n'est pas décrit mais c'est une grande spécialité française. De quelle région viennent les crêpes ? *Aus den Texten hast du erfahren, woher die Spezialitäten kommen. Verbinde jedes Gericht mit der passenden Region. Nur die Crêpes wurden oben nicht beschrieben. Aus welcher Region stammen sie?*

Shutterstock.com/Suppawong Yaed

Shutterstock.com/Bembo20

Shutterstock.com/Jerome.Romme

Shutterstock.com/stockcreations

Shutterstock.com/Ahanov Michael

Shutterstock.com/bonchan

4. Est-ce que tu connais la cuisine française ? Quel est ton plat ou ton dessert préféré ? Fais des recherches sur Internet ou dans un livre de cuisine. Fais une présentation orale : décris le plat ou le dessert que tu as choisi et fais deviner son nom à tes camarades de classe. *Kennst du die französische Küche? Welches Gericht bzw. welchen Nachtisch magst du am liebsten? Informiere dich im Internet bzw. in einem Kochbuch. Beschreibe deiner Klasse dein französisches Lieblingsgericht und lasse sie erraten, wie es heißt.*

Autorin: Nathalie Bláha, «La vie quotidienne», Lernjahre 1–3

Mots croisés : on passe à table !

Complète la grille. Écris les noms masculins en bleu et les noms féminins en rouge. N'oublie pas de mettre les accents. *Trage ein. Schreibe die Nomen im Maskulinum blau und die Nomen im Femininum rot. Vergiss die Akzente nicht!*

1 2 3 4 5 6 7 8 9 10 11 12 13 14 15 16 17 18 19 20 21

Autorin: Nathalie Bláha, «La vie quotidienne», Lernjahre 1–3

Verticalement

(1) Boisson qui est souvent chaude.

(2) On boit dedans.

(4) Légume long de couleur orange. Les lapins l'aiment.

(5) Quelqu'un qui ne mange pas de viande mais qui mange du fromage.

(7) Appareil pour faire cuire le pain ou les gâteaux.

(9) On met la nourriture dessus quand on mange.

(11) Nom du pain français.

(14) Boisson blanche que donne la vache.

(17) Boisson naturelle sans alcool que boivent les Français à table.

(19) C'est quelque chose de sucré jaune qu'on met sur les tartines ou les crêpes.

Horizontalement

(3) Nourriture qui provient d'un animal.

(6) Personne qui ne mange pas de produits d'origine animale.

(8) Spécialité salée française à base de lait.

(10) C'est sucré et on le mange à la fin du repas.

(12) En Allemagne, il y en a beaucoup de sortes. En France, on mange surtout de la baguette.

(13) Spécialité française qu'on mange au petit-déjeuner.

(15) Les courgettes et les concombres en sont.

(16) On mange avec, elle a quatre dents.

(18) Légume rouge qu'on utilise aussi pour faire de la sauce ou du ketchup.

(20) C'est un produit fabriqué avec du lait de vache. On le met sur les tartines.

(21) Viande de poule.

Autorin: Nathalie Bláha, «La vie quotidienne», Lernjahre 1–3

Quiz

Jouez en groupe de trois ou quatre. Cochez les bonnes réponses. Qui est le plus rapide et a le plus de réponses justes ? Comptez un point par bonne réponse. *Spielt zu dritt oder zu viert gegeneinander. Kreuzt die richtigen Antworten an. Wer schafft es am schnellsten, alle Fragen zu beantworten? Pro richtige Antwort gibt es einen Punkt.*

1. Pour manger, tu as besoin
☐ de couvertures. ☐ de couverts. ☐ de couture.

2. Avant de manger, il faut
☐ poser la table. ☐ donner la table. ☐ mettre la table.

3. On boit dans
☐ un vers. ☐ un verre. ☐ un vert.

4. En France, on boit
☐ de l'eau plate. ☐ de l'eau ronde. ☐ de l'eau longue.

5. Après manger, il faut .... la table.
☐ débarrasser ☐ déménager ☐ découvrir

6. Le repas du matin c'est
☐ le déjeuner. ☐ le goûter. ☐ le petit-déjeuner.

7. Le matin, les Français mangent souvent
☐ des tartelettes. ☐ des tartines. ☐ des tourtes.

8. La nourriture se met
☐ dans une armoire. ☐ dans une alimentation. ☐ dans une assiette.

9. Après l'entrée, il y a
☐ le plat du milieu. ☐ le plat principal. ☐ le plat préféré.

10. L'eau minérale, c'est
☐ un poisson. ☐ un poison. ☐ une boisson.

11. Les repas se préparent dans
☐ un salon. ☐ une cuisine. ☐ un couloir.

Points : ________

Autorin: Nathalie Bláha, «La vie quotidienne», Lernjahre 1–3

Les fournitures scolaires

Regarde les images suivantes. Qu'est-ce que tu vois ? Écris les noms avec **l'article défini** sous chaque image. Pour t'aider, remets les lettres dans le bon ordre er retrouve les mots ci-dessous.
*Schaue dir die Bilder an und schreibe das passende Nomen mit dem **bestimmten Artikel** unter jedes Bild. Hilfe bieten dir die Wörter unten: Die Buchstaben sind jedoch durcheinandergeraten.*

Shutterstock.com/limeart (gilt für alle Bilder)

Autorin: Nathalie Bláha, «La vie quotidienne», Lernjahre 1–3

Dans la salle de classe

1. Regardez bien l'image de la salle de classe. **Challenge** : faites une liste des choses que vous voyez sur l'image. Qui a trouvé le plus de mots français ? Il vous manque encore des mots ? Cherchez-les sur Internet ou dans un dictionnaire. *Schaut euch das Bild genau an. Schreibt so viele Gegenstände wie möglich auf, die sich in diesem Klassenzimmer befinden. Wer hat die meisten Wörter? Fehlen euch noch Vokabeln? Sucht sie im Internet oder schlagt sie im Wörterbuch nach.*

Shutterstock.com/Monkey Business Images

Autorin: Nathalie Bláha, «La vie quotidienne», Lernjahre 1–3

A l'école

1. Retrouve les 21 mots cachés dans la grille. Ils ont tous un rapport avec l'école. *Finde die 21 versteckten Wörter. Sie haben alle mit dem Thema „Schule" zu tun.*

<table>
<tr><td>C</td><td>H</td><td>A</td><td>I</td><td>S</td><td>E</td><td>E</td><td>P</td><td>R</td><td>O</td><td>F</td><td>E</td><td>S</td><td>S</td><td>E</td><td>U</td><td>R</td><td>E</td></tr>
<tr><td>M</td><td>U</td><td>H</td><td>N</td><td>M</td><td>V</td><td>H</td><td>R</td><td>J</td><td>I</td><td>N</td><td>R</td><td>Y</td><td>T</td><td>L</td><td>K</td><td>I</td><td>I</td></tr>
<tr><td>G</td><td>C</td><td>A</td><td>N</td><td>G</td><td>L</td><td>A</td><td>I</td><td>S</td><td>H</td><td>O</td><td>R</td><td>D</td><td>F</td><td>M</td><td>R</td><td>N</td><td>M</td></tr>
<tr><td>E</td><td>T</td><td>M</td><td>O</td><td>E</td><td>I</td><td>M</td><td>N</td><td>I</td><td>B</td><td>L</td><td>U</td><td>S</td><td>E</td><td>K</td><td>N</td><td>C</td><td>A</td></tr>
<tr><td>O</td><td>R</td><td>B</td><td>Z</td><td>U</td><td>V</td><td>A</td><td>C</td><td>L</td><td>A</td><td>S</td><td>S</td><td>E</td><td>U</td><td>R</td><td>T</td><td>E</td><td>T</td></tr>
<tr><td>G</td><td>M</td><td>R</td><td>S</td><td>B</td><td>R</td><td>U</td><td>I</td><td>N</td><td>O</td><td>I</td><td>R</td><td>E</td><td>I</td><td>O</td><td>U</td><td>T</td><td>H</td></tr>
<tr><td>R</td><td>A</td><td>E</td><td>E</td><td>L</td><td>E</td><td>S</td><td>P</td><td>I</td><td>U</td><td>T</td><td>A</td><td>V</td><td>L</td><td>A</td><td>E</td><td>U</td><td>E</td></tr>
<tr><td>A</td><td>Y</td><td>X</td><td>C</td><td>E</td><td>C</td><td>K</td><td>A</td><td>C</td><td>S</td><td>U</td><td>U</td><td>I</td><td>L</td><td>R</td><td>N</td><td>I</td><td>M</td></tr>
<tr><td>P</td><td>B</td><td>Q</td><td>R</td><td>S</td><td>I</td><td>N</td><td>L</td><td>R</td><td>C</td><td>A</td><td>H</td><td>I</td><td>E</td><td>R</td><td>H</td><td>P</td><td>A</td></tr>
<tr><td>H</td><td>T</td><td>X</td><td>E</td><td>L</td><td>E</td><td>V</td><td>E</td><td>M</td><td>A</td><td>J</td><td>H</td><td>R</td><td>A</td><td>S</td><td>R</td><td>M</td><td>T</td></tr>
<tr><td>I</td><td>A</td><td>R</td><td>T</td><td>D</td><td>I</td><td>R</td><td>R</td><td>A</td><td>N</td><td>B</td><td>P</td><td>M</td><td>T</td><td>M</td><td>S</td><td>L</td><td>I</td></tr>
<tr><td>E</td><td>R</td><td>I</td><td>A</td><td>O</td><td>E</td><td>R</td><td>E</td><td>U</td><td>T</td><td>A</td><td>B</td><td>L</td><td>E</td><td>A</td><td>U</td><td>B</td><td>Q</td></tr>
<tr><td>D</td><td>B</td><td>U</td><td>R</td><td>E</td><td>A</td><td>U</td><td>A</td><td>P</td><td>I</td><td>S</td><td>Q</td><td>U</td><td>B</td><td>F</td><td>L</td><td>D</td><td>U</td></tr>
<tr><td>F</td><td>O</td><td>N</td><td>I</td><td>D</td><td>V</td><td>O</td><td>L</td><td>O</td><td>N</td><td>R</td><td>I</td><td>C</td><td>L</td><td>A</td><td>S</td><td>S</td><td>E</td></tr>
<tr><td>U</td><td>G</td><td>R</td><td>A</td><td>Z</td><td>T</td><td>N</td><td>E</td><td>D</td><td>E</td><td>U</td><td>C</td><td>O</td><td>E</td><td>A</td><td>P</td><td>E</td><td>S</td></tr>
<tr><td>I</td><td>R</td><td>S</td><td>T</td><td>Y</td><td>L</td><td>O</td><td>H</td><td>K</td><td>U</td><td>P</td><td>J</td><td>U</td><td>R</td><td>G</td><td>U</td><td>T</td><td>U</td></tr>
<tr><td>R</td><td>E</td><td>Y</td><td>D</td><td>W</td><td>S</td><td>C</td><td>V</td><td>I</td><td>N</td><td>F</td><td>I</td><td>R</td><td>M</td><td>E</td><td>R</td><td>I</td><td>E</td></tr>
<tr><td>P</td><td>H</td><td>Y</td><td>S</td><td>I</td><td>Q</td><td>U</td><td>E</td><td>F</td><td>C</td><td>N</td><td>Y</td><td>B</td><td>U</td><td>F</td><td>N</td><td>S</td><td>B</td></tr>
<tr><td>R</td><td>A</td><td>T</td><td>O</td><td>C</td><td>N</td><td>L</td><td>B</td><td>F</td><td>R</td><td>A</td><td>N</td><td>C</td><td>A</td><td>I</td><td>S</td><td>W</td><td>V</td></tr>
</table>

Autorin: Nathalie Bláha, «La vie quotidienne», Lernjahre 1–3

2. Inscris les noms que tu as trouvés dans la grille avec **l'article défini** dans la bonne rubrique. Attention, n'oublie pas les accents ! *Trage die Nomen mit dem* ***bestimmten Artikel*** *in die richtige Spalte ein. Vergiss die Akzente nicht !*

les matériaux scolaires	les matières	les salles/lieux

dans la salle de classe	les personnes

3. Est-ce que tu connais d'autres mots qui ont un rapport avec l'école ? Fais un challenge avec ton/ta partenaire. Qui trouve le plus de mots ? *Kennst du andere Wörter, die mit dem Thema „Schule" zusammenhängen?* ***Challenge:*** *Fordere deinen/deine Partner/in heraus: Wer findet die meisten Wörter?*

4. Choisis une région ou une ville de France où tu aimerais bien faire un échange scolaire de quelques mois – avec ta classe ou seul(e). Présente cette région ou cette ville et explique ton choix. *In welche Region bzw. Stadt in Frankreich würdest du gerne für einen Austausch (mit deiner Klasse oder allein) für ein paar Monate reisen? Präsentiere die Region bzw. die Stadt und begründe deine Wahl.*

Autorin: Nathalie Bláha, «La vie quotidienne», Lernjahre 1–3

Emploi du temps

1. Regarde l'emploi du temps de la classe de 4ème. Vrai ou faux ? Coche la bonne réponse et corrige, si nécessaire. Fais des phrases complètes. *Sieh dir den Stundenplan der Klasse 8 genau an. Richtig oder falsch? Kreuze an und korrigiere mit einem ganzen Satz, wenn nötig.*

Horaires	Lundi	Mardi	Mercredi	Jeudi	Vendredi
7h45–7h55	Accueil des élèves dans l'établissement				
8h–8h55	Français	Histoire/Géo	Maths	Physique/ Chimie	
8h55–9h50	Anglais	SVT*	Maths	Physique/ Chimie	Maths
10h–10h15	Récréation				
9h50–10h05	Maths	Français	Technologie	Français	Anglais
10h05–11h		Français	Technologie	Histoire/Géo	Histoire/Géo
11h–11h55	Espagnol/ Allemand	EPI**	SVT*	Espagnol/ Allemand	EPS
12h–13h	Pause repas				
13h–13h55	Musique	Anglais		EPI**	
13h55–14h50	Récréation				
15h05–16h00	EPS	Espagnol/ Allemand		Arts plastiques	
16h00–16h55	EPS				

* Sciences de la Vie et de la Terre (Biologie)

** Enseignements Pratiques Interdisciplinaires

	Vrai	Faux
1. Tous les élèves de 4ème ont allemand comme 2ème langue vivante.		
2. La durée des cours est la même en France et en Allemagne.		
3. Les élèves ont plusieurs heures de permanence.		
4. Les élèves de 4ème n'ont pas cours le mercredi après-midi.		

Autorin: Nathalie Blaha, «La vie quotidienne», Lernjahre 1–3

Quiz

Jouez en groupe de trois ou quatre. Cochez les bonnes réponses. Qui est le plus rapide et a le plus de réponses justes ? Comptez un point par bonne réponse. *Spielt zu dritt oder zu viert gegeneinander. Kreuzt die richtigen Antworten an. Wer schafft es am schnellsten, alle Fragen zu beantworten? Pro richtige Antwort gibt es einen Punkt.*

1. Pendant la récréation, tu vas
☐ dans la cour. ☐ dans le cours. ☐ dans la course.

2. Les profs écrivent
☐ sur la table. ☐ au tableau. ☐ sur le bureau.

3. Quand tu veux savoir quelque chose, tu poses
☐ une réponse. ☐ une question. ☐ une excuse.

4. Après l'école primaire, les élèves français vont
☐ au concert. ☐ au collègue. ☐ au collège.

5. Le premier jour de classe, c'est
☐ le retour. ☐ la rentrée. ☐ le résultat.

6. Le premier jour de classe, le prof donne
☐ l'emploi du temps. ☐ le plan des heures. ☐ le tableau des cours.

7. Quand on parle du professeur responsable de la classe, on dit
☐ le/la prof de classe. ☐ le/la prof général(e). ☐ le/la prof principal(e).

8. À la fin de l'année, les élèves reçoivent
☐ un bulletin scolaire. ☐ un bulletin météorologique. ☐ une bulle scolaire.

9. En France, les élèves ont
☐ un carnet d'élève. ☐ un cahier de correspondance. ☐ un carnet de correspondance.

10. Le directeur / La directrice du collège, c'est
☐ le/la principal(e). ☐ le/la proviseur(e). ☐ le/la doyen(ne).

11. Les élèves écrivent leurs leçons dans
☐ un courrier. ☐ un cahier. ☐ un calendrier.

Points : ________

Autorin: Nathalie Bláha, «La vie quotidienne», Lernjahre 1–3

Solutions

I. MA FAMILLE ET MOI

KV 1 : Je me présente – solutions individuelles

KV 2 : Ma famille – solutions individuelles

II. LA VIE À LA MAISON

KV 3 : À la maison

1. une fenêtre ; 2. un toit ; 3. une porte ; 4. un garage ; 5. un escalier ; 6. un jardin ; 7. une cheminée ; 8. un arbre ; 9. un mur ; 10. une terrasse.

Solutions individuelles

KV 4 : Les petites annonces

Ils veulent…	M. Durant	Mme Durant	Pauline	Julien	Tom
un appartement	☐	x	☐	x	☐
une maison	x	x	x	x	x
vivre en ville	☐	x	☐	x	☐
vivre à la campagne	x	x	☐	x	☐
un jardin	x	☐	x	x	x
une terrasse	☐	☐	x	☐	☐
un bureau	☐	x	☐	☐	☐
une connexion Internet haut débit	☐	x	x	x	☐
une salle de bains avec baignoire et douche	☐	☐	x	☐	☐
deux WC	x	☐	x	☐	☐
une cave	x	x	☐	☐	☐
jouer au foot	☐	☐	☐	☐	x
une chambre individuelle	☐	x	x	x	x
une buanderie	☐	x	☐	☐	☐

2 a) Mme Durant veut une buanderie pour pendre le linge aussi quand il pleut ou qu'il fait froid. / Mme Durant veut une buanderie parce qu'elle ne veut pas de sèche-linge. / Mme Durant ne veut pas de sèche-linge parce que c'est mauvais pour l'environnement et que c'est une dépense d'électricité inutile, alors elle a besoin d'une buanderie pour y pendre le linge.

b) M. Durant veut une cave pour pouvoir ranger les vélos et y mettre ses outils.

c) Pauline ne veut pas déménager loin parce qu'elle ne veut pas être/habiter loin de ses copines.

d) Tom veut un jardin pour jouer au foot avec Julien / son frère et ses copains (quand ils viennent lui rendre visite).

e) Non, la famille Durant n'a pas de chien mais Tom veut un chien.

f) Pauline a envie d'avoir une baignoire.

g) Julien veut une chambre pour lui tout seul pour être tranquille avec ses copains et pour ne gêner personne. Il veut aussi avoir de la place et du calme pour faire ses devoirs.

3. Z. B.: **Herr Durant**: Er würde gerne auf dem Land leben und ein Haus kaufen oder mieten. Er möchte einen Garten und einen Keller haben, damit er die Fahrräder und sein Werkzeug aufräumen kann. Er würde sich freuen, wenn es eine Garage gäbe / geben würde. Wichtig sind ihm aber vor allem ein Bad mit Klo und ein Gästeklo.

Frau Durant: Sie möchte ein Haus oder eine Wohnung egal wo, Hauptsache jeder hat sein eigenes Zimmer. Sie hätte gerne eine Waschküche und einen Keller. Sie träumt von einem eigenen Büro und es ist ihr wichtig, dass die Internetverbindung gut ist.

Pauline: Sie will nicht weit weg von ihren Freundinnen wohnen. Sie wünscht sich ein Haus mit Garten, eine Terrasse und ein eigenes Zimmer für jeden. Wichtig sind ihr auch ein Bad mit Badewanne, Dusche, Klo und Gästetoiletten. Auch eine stabile und schnelle Internetverbindung ist für sie unentbehrlich.

Julien: Es ist ihm egal, wie und wo die Wohnung ist. Hauptsache, er hat ein eigenes Zimmer und eine schnelle, stabile Internetverbindung.

Tom: Er möchte ein Haus mit Garten, um Fußball mit seinem Bruder und seinen Freunden spielen zu können. Er will ein eigenes Zimmer und hätte gerne einen Hund.

KV 5 : Dans la maison

1. **Horizontalement/waagerecht :** cuisine, villa, appartement, hôtel, baignoire, frigo, lavabo, tapis, four, douche, chaise, lit.

   Verticalement/senkrecht : télévision, armoire, chambre, étagère, immeuble, maison, coussin, évier, table, entrée, salon, couloir.

T	M	C	U	I	S	I	N	E	B	U	V	I	L	L	A	F	F
E	U	H	N	M	V	H	L	J	I	N	R	Y	T	L	K	I	I
L	C	A	V	M	A	E	A	P	P	A	R	T	E	M	E	N	T
E	T	M	O	E	S	M	G	I	B	L	U	S	G	K	N	C	M
V	R	B	Z	U	K	A	A	T	C	O	R	B	H	O	T	E	L
I	M	R	E	B	A	I	G	N	O	I	R	E	E	O	R	T	O
S	A	E	Q	L	J	S	Q	I	U	T	A	V	F	A	E	U	P
I	Y	X	F	E	R	O	U	C	S	U	U	I	E	R	E	I	C
O	B	Q	E	S	I	N	N	R	S	H	T	E	M	I	X	P	O
N	T	M	T	A	Z	O	Z	S	I	J	H	R	A	S	R	M	U
R	A	R	A	D	I	R	R	A	N	B	P	M	T	M	S	L	L
F	R	I	G	O	E	R	E	U	R	V	A	L	A	V	A	B	O
D	M	F	E	U	C	T	A	P	I	S	Q	U	B	F	L	D	I
F	O	U	R	S	I	N	L	O	G	R	S	R	L	U	O	P	R
U	I	R	E	Z	T	N	E	D	O	U	C	H	E	A	N	E	Z
I	R	U	G	N	M	U	H	K	U	P	J	M	R	G	E	T	U
R	E	Y	D	W	S	C	H	A	I	S	E	L	R	L	I	T	Q

2.

les bâtiments	les pièces	les meubles
l'immeuble	la chambre	l'étagère
l'appartement	la cuisine	le lit
la villa	le salon	la chaise
la maison	le couloir	l'armoire
l'hôtel	l'entrée	la table

dans l'appartement	dans la cuisine	dans la salle de bains
le tapis	le four	la baignoire
le coussin	l'évier	la douche
la télé(vision)	le frigo	le lavabo

3. Solutions individuelles

4. Solutions individuelles

KV 6 : Dans la chambre des ados

1. Solutions individuelles. Par ex. un bureau, un écran ordinateur, un clavier, une chaise, une porte, une guitare, des chemises, des vestes, un tiroir, des livres, des plantes, des boîtes de rangement, une enceinte, un lit, un oreiller, un écran plat, une radio, une lampe, une fenêtre, des stores vénitiens / des jalousies...

Qu'est-ce que c'est ?

2. Solutions individuelles.

3. Solutions individuelles.

III. EN VILLE OU À LA CAMPAGNE

KV 7 : Les paysages

la ville ; la forêt ; le village ; la plage ; le désert ; le château ; la montagne ; la campagne ; la ferme.

KV 8 : Qui habite où ?

1. 1 c), 2 d), 3 b), 4 a)

2 a) Faux. Jessica n'aime pas la ville parce qu'il y a trop de bruit et trop de voitures.

b) Vrai. Il est francilien.

c) Faux. Géraldine habite dans un chalet à la montagne.

d) Faux. Ali vit/habite dans un immeuble au centre-ville. Il aime vivre dans son immeuble parce que son copain Jérôme habite à côté de chez lui.

3 a) Jessica est heureuse de vivre à la campagne parce qu'elle n'aime pas le bruit. Il y a trop de voitures en ville.

b) Francis ne pourrait pas vivre à la campagne parce qu'il ne se passe rien dans un village.

c) Francis aime sa ville parce qu'elle est située en Île de France / en région parisienne et qu'il a beaucoup de possibilités pour s'occuper. Il aime sa ville parce qu'il s'y passe beaucoup de choses / il ne s'y ennuie pas.

d) Elle peut chiller dans son jardin.

e) Ali ne pourrait pas vivre chez Géraldine parce que c'est loin de tout et qu'il serait seul.

f) Géraldine aime vivre à côté de la forêt parce que c'est calme. Il n'y a pas de bruit, c'est beau et reposant.

4. z. B. **Jessica**: Sie wohnt auf dem Land und ist darüber sehr glücklich, weil sie den Lärm und die vielen Autos in der Stadt nicht mag.

Ali: Er lebt in einem Mehrfamilienhaus im Stadtzentrum und es gefällt ihm, weil er in der Nähe seines Freundes wohnt und Sachen mit ihm unternehmen kann.

Francis: Er mag seine Stadt, weil er dort viele Möglichkeiten hat. Er kann viel unternehmen.

Géraldine: Sie wohnt im Gebirge in einem Chalet. Sie liebt den Wald und die Ruhe, obwohl sie weit weg von der Stadt lebt.

5. Solutions individuelles

KV 9 : Quiz

1. des châteaux, 2. une cathédrale, 3. du ski alpin, 4. de pollution, 5. des fermes, 6. du sable, 7. une petite montagne, 8. des arbres, 9. d'habitants, 10. des lampadaires, 11. le maire / la mairesse.

IV. FAIRE LES COURSES EN FRANCE

KV 10 : Au marché

Toi (en français) : Excusez-moi, combien coûte un kilo de tomates ?

Toi (en allemand) : Er will wissen, welche Tomatensorten wir wollen, weil er drei verschiedene hat.

Toi (en français) : Nous voulons / On veut faire une salade de tomates avec des poivrons et du thon. Quelles tomates nous conseillez-vous ? / Quelles tomates est-ce que vous nous conseillez ?

Toi (en allemand) : Er fragt, ob wir einen « salade niçoise » zubereiten wollen.

Toi (en français) : Qu'est-ce que c'est une salade niçoise ? ; Comment est-ce qu'on fait une salade niçoise ? ; De quoi est-ce qu'on a besoin pour faire une salade niçoise ?

Toi (en allemand) : Er sagt, dass man für einen « salade niçoise » Tomaten, Paprika, Zwiebeln, Kopfsalat, zwei Artischocken, schwarze Oliven, gekochte Eier, Thunfisch und Anchovis braucht.

Toi (en français) : Ça a l'air vraiment très bon. / Ça doit être très bon. / C'est sûrement très bon. Donnez-nous tous les légumes et six œufs pour faire la salade, s'il vous plaît.

KV 11 : Et si on faisait des salades...

1 b) 1. faux, 2. faux, 3. vrai, 4. vrai, 5. faux, 6. faux, 7. faux, 8. vrai, 9. faux, 10. vrai

c) Maya et Yannis peuvent faire **une salade lyonnaise ou une salade alsacienne**. Ils ne peuvent faire ni la salade niçoise car elle contient du poisson, ni la salade périgourdine qui contient des entrailles (gésiers), ni la salade auvergnate qui contient du fromage (cantal).

Ils doivent encore acheter :

pour la salade lyonnaise : deux salades différentes, de l'ail, 150 grammes de lardons.

pour la salade alsacienne : 150 grammes de cervelas, de la ciboulette.

2. Salade niçoise : une laitue, deux oignons, deux artichauts, quatre œufs, quatre tomates, un poivron vert, 150 grammes de thon, olives noires, quatre anchois.

(Sel, poivre, moutarde, vinaigre et huile d'olive pour la vinaigrette.)

Salade lyonnaise : deux salades différentes, de l'ail, 150 grammes de lardons, des croutons, quatre œufs. (Sel, poivre, moutarde, vinaigre et huile pour la vinaigrette.)

Salade périgourdine : une salade verte, six pommes de terre, 150 grammes de haricots verts, trois tranches de lard, 12 gésiers de canard. (Sel, poivre, moutarde, vinaigre et huile pour la vinaigrette.)

Salade auvergnate : 200 grammes de pommes de terre, une échalotte, 200 grammes de cantal, 180 grammes de jambon, 12 noix. (Sel, poivre, moutarde, vinaigre et huile pour la vinaigrette.)

Salade alsacienne : 300 grammes de pommes de terre, 150 grammes de tomates,

Autorin: Nathalie Bláha, «La vie quotidienne», Lernjahre 1–3

150 grammes de cervelas, un oignon, de la ciboulette. (Sel, poivre, moutarde, vinaigre et huile pour la vinaigrette.)

KV 12 : Les fruits et légumes

la fraise ; le concombre ; la pomme de terre ; la pomme ; la poire ; le poivron ; l'oignon ; le raisin ; la cerise / les cerises ; le radis ; la carotte ; la pêche.

KV 13 : Au supermarché

1. **produit laitiers :** le beurre, le fromage, le lait, le yaourt ; **légumes** : l'aubergine, l'avocat, le chou-fleur, la courgette ; **boissons :** le café, l'eau, le jus de tomate, le thé / le lait ; **autres aliments de première nécessité :** la farine, les pâtes, le riz, le sucre.
2. Elle n'a plus **de** farine et plus **de** sucre. La bouteille **d'**huile est presque vide. Il lui faut absolument **de la** farine et **du** sucre parce qu'elle veut faire des crêpes pour la Chandeleur. Elle va aussi racheter **de l'**huile, **du** lait, **des** pâtes et **du** riz. Au supermarché, elle met deux kilos **de** farine et un kilo **de** sucre dans son caddie. Elle achète aussi **des** légumes et **des** fruits. Elle prend six bouteilles **d'**eau minérale, **du** thé et **du** café.

KV 14 : Viens, on va faire les boutiques !

1. Solutions individuelles. Par ex. le pantalon, le jean, le costume, la chemise, le gilet, la veste, la cravate, la ceinture, la jupe, la robe, le t-shirt / le tee-shirt, les chaussures, le pull(over), le maillot de bain, le bikini, le legging, le short, la lampe, le(s) sac(s), le sac à main, la salopette, l'ours en peluche, l'ourson, la voiture, le miroir, la table, le placard, l'armoire, l'étagère, le(s) tiroir(s), la vendeuse, le vendeur, les client(e)s, le(s) cintre(s), la cabine d'essayage…

KV 15 : Qui est-ce ?

1 a) Laïla, b) Hinter ihr steht Youssef, c) Rechts neben Laïla steht Marc, d) Justine, e) Florentin, f) Ethan

2. Solutions individuelles

V. MANGER EN FRANCE

KV 16 : Nos plats préférés

1. 1. Cassoulet/Arthur ; 2. Tropézienne/Zoé ; 3. Ratatouille/Justin ; 4. Fondue/Moustafa ; 5. Clafoutis/Inaya ; 6. Couscous / Rafika et Malik.

2. Z. B. **Rafika:** Sie mag ein Gericht (aus Nordafrika) mit Gemüse und Lammfleisch.

   Justin: Er ist Vegetarier und laktoseintolerant. Sein Lieblingsgericht kommt aus der Provence. Es wird mit viel Gemüse wie Zucchini, Zwiebeln, Tomaten und ohne Fleisch zubereitet.

   Arthur: Er mag keinen Käse und isst nicht gerne Süßes. Er mag Cassoulet, ein Gericht aus Bohnen, Möhren, Wurst und Fleisch.

   Zoé: Sie mag sehr gerne Süßes, deshalb isst sie am liebsten Kuchen. Ihr Lieblingskuchen kommt aus Südfrankreich und enthält viel Creme.

   Moustafa: Er isst gerne Käse und Brot, also ist sein Lieblingsgericht Fondue.

   Inaya: Sie liebt Kirschen, also isst sie am liebsten Kirschkuchen.

3.

1. La ratatouille est une spécialité de Provence (Provence-Alpes Côte d'Azur – PACA au sud-est de la France). 2. Le cassoulet est une spécialité du Languedoc (Occitanie au sud-ouest de la France). 3. La fondue au fromage est aussi appelée « Fondue savoyarde » (Auvergne-Rhône-Alpes à la frontière suisse). 4. Le clafoutis est une spécialité du Limousin (au centre de la France dans le

Massif central – région de Nouvelle Aquitaine).
5. Les crêpes sont originaires de Bretagne.

4. Solutions individuelles

KV 17 : Mots croisés : on passe à table !

Verticalement : ***masculin (bleu)*** 1. le thé, 2. le verre, 5. le végétarien, 7. le four, 14. le lait, 19. le miel – ***féminin (rouge)*** : 4. la carotte, 9. l'assiette, 11. la baguette, 17. l'eau.

Horizontalement : ***masculin (bleu)*** 8. le fromage, 10. le dessert, 12. le pain, 13. le croissant, 15. les légumes, 20. le beurre, 21. le poulet – ***féminin (rouge)*** : 3. la viande, 6. la végane, 16. la fourchette, 18. la tomate.

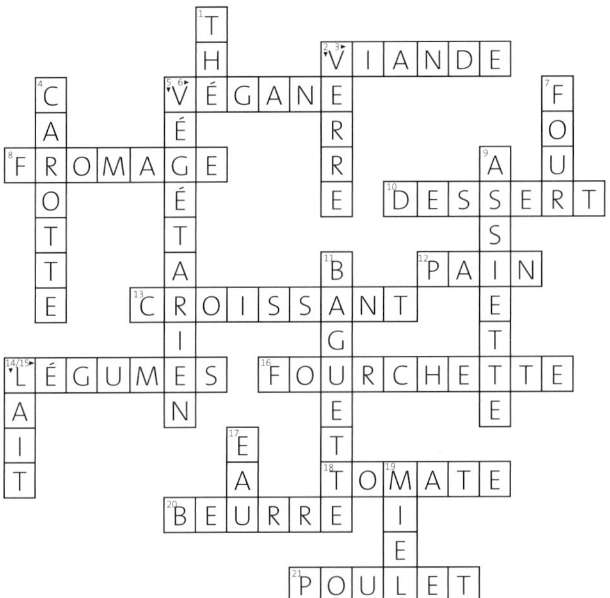

KV 18 : Quiz

1. de couverts, 2. mettre la table, 3. un verre, 4. de l'eau plate, 5. débarrasser, 6. le petit-déjeuner, 7. des tartines, 8. dans une assiette, 9. le plat principal, 10. une boisson, 11. une cuisine.

VI. L'ÉCOLE EN FRANCE

KV 19 : Les fournitures scolaires

le stylo ; le cahier ; la peinture ; la colle ; la gomme ; la tablette ; le livre ; la règle ; les ciseaux ; la trousse ; l'ordinateur ; le crayon.

KV 20 : Dans la salle de classe

1. Solutions individuelles. Par ex. un bureau / des bureaux, des tables, un écran ordinateur, un clavier, un tableau blanc/interactif, une/des chaise(s), des élèves, un professeur, des chemises, une fenêtre, une affiche, un/des stylo(s), un ordinateur portable, un/des cahier(s), un/des feutre(s), un classeur, des feuilles, une/des trousse(s), un sac, des prises électriques…

KV 21 : À l'école

1. Horizontalement/waagerecht : chaise, professeur(e), anglais, classeur, cahier, élève, tableau, bureau, classe, stylo, infirmerie, physique, français.

Verticalement/senkrecht : géographie, secrétariat, livre, principal(e), cantine, cour, feuille, mathématiques.

C	H	A	I	S	E	E	P	R	O	F	E	S	S	E	U	R	E
M	U	H	N	M	V	H	R	J	I	N	R	Y	T	L	K	I	I
G	C	A	N	G	L	A	I	S	H	O	R	D	F	M	R	N	M
E	T	M	O	E	I	M	N	I	B	L	U	S	E	K	N	C	A
O	R	B	Z	U	V	A	C	L	A	S	S	E	U	R	T	E	T
G	M	R	S	B	R	U	I	N	O	I	R	E	I	O	U	T	H
R	A	E	E	L	E	S	P	I	U	T	A	V	L	A	E	U	E
A	Y	X	C	E	C	K	A	C	S	U	U	I	L	R	N	I	M
P	B	Q	R	S	I	N	L	R	C	A	H	I	E	R	H	P	A
H	T	X	E	L	E	V	E	M	A	J	H	R	A	S	R	M	T
I	A	R	T	D	I	R	R	A	N	B	P	M	T	M	S	L	I
E	R	I	A	O	E	R	E	U	T	A	B	L	E	A	U	B	Q
D	B	U	R	E	A	U	A	P	I	S	Q	U	B	F	L	D	U
F	O	N	I	D	V	O	L	O	N	R	I	C	L	A	S	S	E
U	G	R	A	Z	T	N	E	D	E	U	C	O	E	A	P	E	S
I	R	S	T	Y	L	O	H	K	U	P	J	U	R	G	U	T	U
R	E	Y	D	W	S	C	V	I	N	F	I	R	M	E	R	I	E
P	H	Y	S	I	Q	U	E	F	C	N	Y	B	U	F	N	S	B
R	A	T	O	C	N	L	B	F	R	A	N	C	A	I	S	W	V

2.

les matériaux scolaires	les matières	les salles/lieux
le classeur la feuille le cahier le stylo le livre	la géographie le français les mathématiques l'anglais la physique	la cour la classe l'infirmerie le secrétariat la cantine

dans la salle de classe	les personnes
le bureau la chaise le tableau	le/la professeur(e) le/la principal(e) l'élève

3. Solutions individuelles

4. Solutions individuelles

KV 22 : Emploi du temps

1. Faux. Non, les élèves ont le choix entre l'espagnol et l'allemand. / Non, les élèves peuvent apprendre l'espagnol ou l'allemand.
2. Faux. Non, les cours durent 55 minutes en France et seulement 45 minutes en Allemagne. / Non, les cours sont plus longs en France. Ils durent 10 minutes de plus.
3. Faux. Non, ils ont seulement une heure de permanence le lundi. / Non, ils n'ont qu'une heure (de permanence) le lundi.
3. Vrai. C'est vrai, si on compte la première heure du vendredi matin, quelques élèves peuvent avoir deux heures (le lundi et le vendredi).
4. Vrai.

KV 23 : Quiz

1. dans la cour, 2. au tableau, 3. une question, 4. au collège, 5. la rentrée, 6. l'emploi du temps, 7. le/la prof principal(e), 8. un bulletin scolaire, 9. un carnet de correspondance, 10. le/la principal(e), 11. un cahier.

Autorin: Nathalie Bláha, «La vie quotidienne», Lernjahre 1–3